CATALOGUE

DES

MANUSCRITS ANGLAIS

DE LA

BIBLIOTHÈQUE NATIONALE

Par Gaston RAYNAUD

Employé au département des manuscrits de la Bibliothèque nationale.

PARIS

H. CHAMPION, LIBRAIRE

15, Quai Malaquais

1884

CATALOGUE

DES

MANUSCRITS ANGLAIS

DE LA

BIBLIOTHÈQUE NATIONALE.

CATALOGUE

DES

MANUSCRITS ANGLAIS

DE LA

BIBLIOTHÈQUE NATIONALE

Par Gaston RAYNAUD

Employé au département des manuscrits de la Bibliothèque nationale.

PARIS

H. CHAMPION, LIBRAIRE

15, Quai Malaquais.

1884.

(*Extrait du Cabinet historique de 1883.*)

CATALOGUE

DES

MANUSCRITS ANGLAIS

DE LA BIBLIOTHÈQUE NATIONALE.

INTRODUCTION.

Le fonds des manuscrits anglais de la Bibliothèque nationale de Paris, formé en 1860 par M. Natalis de Wailly, comprend 95 numéros [1]. Avant cette époque les mss. anglais étaient disséminés dans les différents fonds suivants : fonds du Roi. 14 volumes : supplément français, 34 volumes ; fonds Gaignières, 9 volumes : fonds de l'Oratoire. 4 volumes. A ces 61

[1]. Dans ce nombre ne sont pas compris quelques manuscrits, qui appartiennent à d'autres fonds que le fonds anglais, bien qu'une partie de leur contenu soit écrit en anglo-saxon ou en anglais. Tels sont par exemple : 1º Le *Pontifical d'Egbert* (ms. lat. 10575), qui contient un fragment anglo-saxon (fol. 157-158) ; voyez l'édition qui en a été donnée en 1853 par la *Surtees Society* ; 2º le *Psautier du duc de Berry* (ms. lat. 8824), qui renferme une version saxonne ; voy. l'édition donnée par Thorpe en 1835, et L. Delisle, *Cabinet des manuscrits*, t. III, p. 172 et 339 ; 3º le *Pontifical de saint Dunstan* (ms. lat. 943). qui a quelques morceaux en anglo-saxon ; voy. L. Delisle, *loc. cit.* p. 269-270 ; 4º un alphabet anglo-saxon (ms. fr 1, fol. 258-259) ; voy. dans la *Revue des études juives*, t. IV, p 255-268 et t. VI, p. 285-286, les articles de MM. J. Bonnard, A. Darmesteter et Simonsen : 5º certaines Poésies de Charles d'Orléans. (ms. fr. 25458. fol. 310,313,346). — Voyez aussi les mss. latins 8846, 11892, 13285, 14348, 14745, etc., etc. Le *Cabinet des titres* possède sous les nºˢ 1129 et 1130 les papiers généalogiques de James Tyrry. généalogiste du roi d'Angleterre (XVIIᵉ et XVIII siècles).

volumes sont venus s'adjoindre depuis : 3 volumes transmis par le département des Imprimés, 4 volumes offerts en don et 27 volumes acquis successivement.

Le plus ancien de ces mss., un fragment de la grammaire anglo-saxonne d'Ælfric, est du XIe siècle ; parmi les autres, un seul date du XIVe siècle (le n° 41) ; quatre appartiennent au XVe (les n°s 25, 30, 39, 95 en partie) ; neuf au XVIe (les n°s 32, 34, 35, 40, 51, 52, 54, 58, 60) ; tout e reste est du XVIIe, du XVIIIe ou du XIXe siècle.

Au point de vue de la classification méthodique, ces mss. se répartissent ainsi :

> Théologie et piété, 40, 41, 42, 43.
> Droit, 27.
> Sciences chimiques et naturelles, leurs applications, 36, 37, 38, 62.
> Sciences médicales, 25.
> Grammaire et glossaire, 26, 47-48, 67.
> Belles-Lettres, 39, 49, 60, 65.
> Géographie et voyages, marine, 1-2, 46, 51, 58, 68.
> Chronologie, 35.
> Histoire et institutions religieuses, 45, 54, 59.
> Histoire générale, 3-24, 28, 30, 50, 55, 61, 63, 64, 69-93, 94, 95.
> Cérémonies et institutions, 29, 44.
> Généalogie et science de blason, 31, 32, 33, 34, 52, 53.
> Documents biographiques, 56, 57, 66.

Aucun de ces mss. jusqu'ici n'avait été décrit ; nous espérons donc que ce catalogue, si imparfait qu'il puisse être, aura quelque utilité. Nous ne saurions terminer sans adresser nos remerciements à M. Barringer, notre collègue à la Bibliothèque nationale, qui nous a aidé à déchiffrer certains passages difficiles et à M. Paul Meyer, notre maître et ami, qui a bien voulu revoir les épreuves de ce travail.

Gaston RAYNAUD.

1-2

« Down Survey of Ireland, by sir Wm Petty K[t] », atlas de 250 cartes, représentant les baronnies d'Irlande après les confiscations de Cromwell, vers 1652.

> Le premier volume est relatif aux provinces de Leinster et de Connaught, le second aux provinces d'Ulster et de Munster. Cet ouvrage a dû servir de base au petit atlas du même auteur, dont deux éditions ont paru en 1683 et 1685.

Voyez sur l'historique de l'atlas manuscrit un passage du *Cabinet des manuscrits* (t. I, p. 333) de M. Léopold Delisle.

Papier. 2 vol., le 1ᵉʳ de 128 cartes, le 2ᵐᵉ de 122. 420 millimètres sur 564. xvɪɪᵉ siècle. — (Ancien fonds, nᵒˢ 8387² et 8387³.)

3-24

Collection de vingt-deux volumes, originaux et copies, contenant des documents de toute nature, lettres, rapports, mémoires, notes, etc., relatifs à la captivité de Napoléon Iᵉʳ à Sainte-Hélène :

I (3). — Du 17 août 1815 au 14 juin 1816 (226 ff.)

II (4). — Du 14 juin 1816 au 30 novembre 1816 (177 ff.)

III (5). — Du 7 décembre 1816 au 29 décembre 1816 (supplément de 1816) (193 ff.)

IV (6). — Du 7 janvier 1817 au 27 octobre 1817 (178 ff.)

V (7). — Du 1ᵉʳ novembre 1817 au 31 décembre 1817 (supplément de 1817) (178 ff.)

VI (8). — Du 4 janvier 1818 au 22 mai 1818 (206 ff.)

VII (9). — Du 12 juin 1818 au 23 décembre 1818 (supplément de de 1818) (209 ff.)

VIII (10). — Du 13 janvier 1819 au 22 décembre 1819 (172 ff.)

IX (11). — Du 3 janvier 1820 au 3 décembre 1820 (supplément de 1820) (116 ff.).

X (12). — Du 4 janvier 1821 à la fin de novembre 1821 (supplément de 1821) (203 ff.)

XI (13). — Supplément aux années 1816-1823 (179 ff.)

XII (14). —   —   — 1816-1821 (156 ff.)

XIII (15). — Correspondances des commissaires des puissances à Sainte-Hélène (1816-1823) (378 ff.)

XIV (16). — Lettres adressées à Sir Hudson Lowe (1815-1818) (251 ff.)

XV (17). —   —   — (1819-1821) (210 ff.)

XVI (18). — Lettres des agents (1816-1818) (204 ff.)

XVII (19). —   —   — (1819) (410 ff.)

XVIII (20). —   —   — (1820-1821) (440 ff.)

XIX (21). — Boîte contenant :

1ᵒ Un volume d'articles de journaux anglais sur la captivité de Napoléon (83 ff.)

2ᵒ Un plan de l'île de Sainte-Hélène.

3ᵒ Le « Catalogue of St Helena Records from 1815 to 1821, during Napoleon's captivity. » (43 ff.)

XX, XX *bis* et XXI (22, 23 et 24). — Correspondance de Sir Hudson Lowe, et mélanges (412, 32, et 349 ff.)

Papier. 390 millimètres sur 292. xixe siècle. — (Supplément français ,
n° 3207^{1-21}.)

25

1. (Fol. 1-191 v°.) — « In Godes name here bygynneþ þe inventarie or
gadryng to gedre of medecyne in the partye of cyrurgie, compilede and
fulfilled, in the ȝere of Oure Loord 1363, by Guido de Cauliaco, cirurgene
& doctor of phisik in the full clere studye of Mountpylerz. » — Incipit :
« After þat I schall firste ȝeve þonkynges to God ȝevynge ever lastynge
lif of soules.... » — Desinit : « .... and to alle þe reders whiche reigneþ
into þe worldes wit outen ende. Amen. »

C'est la traduction de l'ouvrage latin en sept livres de Guy de
Chauliac, *Inventarium seu Collectorium in parte cyrurgicali*
ou *Guidon de chirurgie*, dont les exemplaires manuscrits sont
nombreux et dont la première édition latine imprimée est de
Venise (1490). L'édition anglaise est de 1541.

2. (Fol. 192 v° et 193 v°.) — Recettes chimiques et médicales.

Parchemin. Initiale historiée et encadrement ; lettrines ornées. 193
feuillets. 430 millimètres sur 281. xve siècle. — (Ancien fonds, n° 7010.)

26

Glossaire latin, dans lequel un assez grand nombre de mots sont expli-
qués par des équivalents anglo-saxons. Copie figurée faite en 1837 par
Jules Quicherat. — Incipit : « Apodixen » = « fantasia. » — Desisit :
« Veterator, stroffosus » = « astutus ».

Ce glossaire, dont l'original du ixe siècle se trouve dans le ms.
n° 7 de la bibliothèque d'Épinal, a été publié en 1838 par M. Mone
de Carlsruhe dans l'*Anzeiger für Kunde der deutschen Vorzeit*,
t. VII, p. 134. Voyez, pour plus de détails sur ce ms., les *Documents historiques inédits tirés des collections manuscrites...* (1re
série des *Mélanges*), t. I (1841), p. 447-450 et le *Catalogue général
des manuscrits des bibliothèques publiques des départements*,
t. III (1861), p. 394-395. Une nouvelle édition du ms. d'Épinal vient
de paraître sous le titre de : *The Epinal glossary, Latin and old
English, of the eight century, photo-lithographed from the
original ms. by W. Griggs, and edited with transliteration, introduction and notes by Henry Sweet, M. A.* Printed for subs-
cribers and for the Philological and Early English Text Societies
(Trübner, Londres, 1883, in-folio de 29 pages et 29 planches).

Papier (les lettres D et E ainsi que la fin du glossaire depuis le mot
veterator manquent dans l'original.) 15 feuillets. 380 millimètres sur 246.
xixe siècle. — (Supplément français , n° 2717.)

27

« Jus scoticum » ou « Stair's Practiques, with the whole Additiones preceiding this Year 1679, » ouvrage de Sir James Dalrymple, first Viscount of Stair, président de la haute cour d'Écosse.

L'ouvrage a été publié pour la première fois à Édimbourg en 1681 (une seconde et une troisième éditions augmentées ont paru en 1693 et en 1759), sous le titre d'*Institutions of Law of Scotland.*

Le ms. a été offert à la Bibliothèque en 1701 par N... de Koningham

Papier. 812 pages. 316 millimètres sur 194. xviie siècle· — (Ancien fonds, n° 9987².)

28

Recueil de copies de pièces, relatives au procès soutenu par John Hampden devant le Parlement (1637-1638) :

1. (Fol. 3-66 v°.) « The Case of Shippmoney, Michaelmass, 13 Caroli, in the Exchequer Chamber argued by M[r] St John, of Lincoln's Inne, utter barrister on the behalfe of Mr Hambden. » Ce plaidoyer a été imprimé à Londres (1640).

2. (Fol. 69-155.) « The Argument of Sir Edward Littleton, knight, of the Inner Temple, made in the Exchequer Chamber pro Rege. »

3. (Fol. 156-233.) « The Replie of Mr Holborne, of Lincoln's Inne, to the Argument of Mr Sollicitor, 2° Octobris, 13° Caroli.... »

4. (Fol. 235-321.) « Mr Atturney Banck's Argument. » Cette pièce a été publiée, in-4°.

5. (Fol. 325-364.) « Baron Weston's Argument of the Shippmoney, in Hillary Terme, 13° Caroli regis, in the Exchecquer Chamber, 27 January 1637. »

6. (Fol. 367-387.) « The Argument of the Judge Crawley, concerninge Shippmoney, 27° January 1637. »

7. (Fol. 389-422 v°.) « The Argument of Sir Robert Barkley, knight, one of the Justices of His Ma[ti] Courte of King's Bench, in the Exchequer Chamber, concerninge the Case of Shippmoney, 10 febr. 13 Caroli, pro Rege. »

8. (Fol. 425-448 v°.) « The Argument of Judge Crooke in the Exchequer Chamber, concerninge the Shippmoney, the xiiii day of Aprill 1638. »

9. (Fol. 451-456.) « The Argument of Baron Trevor in the Exchequer Chamber, the 14 of Aprill 1638, concerninge Shippmoney. »

10. (Fol. 457-459 v°) « The Argument of Judge Vernon in the Exchequer Chamber , the.... day of Aprill, xiiii Caroli regis, concerninge Shippmoney. »

11. (Fol. 460-488.) « The Argument of.... Judge Hatton, made in the Exchequer Chamber, before all the Judges then present the xxviii[th] of Aprill, anno Domini 1638.... »

12. (Fol. 490-518 v°.) « The Argument of Judge Jones, one of the Judges of His Ma[ty] Courte of King's Bench, made in the Exchequer Chamber. 28 of Aprill 1638. »

13. (Fol. 520-523 v°.) « Baron Denham's Certificate of his Judgement for the Shippmoney in the Exchequer Chamber, 26 of May 1638. »

14. (Fol. 524-549.) « The Argument of the Lord Cheife Baron Davenport, in the Exchequer Chamber. 28th of May 1638. »

15. (Fol. 550-578 v°.) « The Argument of Sir John Brampston, knight, Lord Cheif Justice of the King's Bench, the 9th of Juny, in the Exchequer Chamber, anno Domini 1638, concerninge the Shippmoney. »

16. (Fol 578-647 v°.) « The Argument of Sir John Finche, knight, Lord Cheife Justice of the Common Pleas, in the Exchequer Chamber, concerninge Shippmoney, 9° Juny 1638. »

Papier. 647 feuillets. 290 millimètres sur 193. xviie siècle. — (Anc fonds, n° 10213³.)

29

Ordre et service de la maison du roi d'Angleterre, sous Henri VIII. — Incipit : « Hereafter ensueth the names of the King's Cupbearers... » — Desinit : « The Maior of London to beare a cup of gold to the Queene at her voyde. »

On trouve à la suite le récit du couronnement de Richard III.

Papier. 58 feuillets. 359 millimètres sur 228. xviie siècle. — (Ancien fonds, n° 9986.)

30

Chronique anglaise, commençant à Brut et finissant au règne de Henri V (1413-1422).

Le ms. est incomplet au commencement et à la fin. Titre et incipit du premier chapitre complet (page 3) : « OF KYNG LOTRYN THAT WAS BRUT SONNE. And aftur Lotryn was made Kyng and aftur Kyng Humbard... »

— Titre et incipit du dernier chapitre, qui est incomplet (p. 85) : « OF KYNG HENRE THE SYSTE. And aftur hym reigned Herre, hys son ... »

Rédaction incomplète de la *Chronique* dite de Caxton, dont la première édition est de 1480. Voyez, sur l'original français de cette chronique, un article de M. Paul Meyer, dans le *Bulletin de la Société des anciens textes français*, année 1878, p. 129-132.

Papier (le premier feuillet est mutilé.) 86 pages. 283 millimètres sur 195. xv⁰ siècle. — (Supplément français, n° 2499².)

31

Tableau généalogique armorié, dans lequel figurent les familles Beake, Brayles, Burghe, Cardinall, Chauncey, Clipsbye, Coke, Crewes, Cumbermartin, Dodington, Doyley, Duston, Gaudye, Gernon, Gollever, Harwedon, Hill, Humfreys, Knyghtley, Lyons, Malpas, Moreton, Noell, Pantolphe *ou* Pantolfe, Peshall, Rowse, St John, Savidge, Seymore, Skinerton, Spencer, Swinerton, Throckmerton, Vaulxe, Veere (Oxforde), Verdon, Warkworth.

Papier. 6 planches pliées en quatre. 519 millimètres sur 400. xvii⁰ siècle.

32

« The Baronage and Peerage of England, » armorial d'Angleterre, depuis la conquête de Guillaume jusqu'au règne d'Élizabeth. La description des blasons est précédée d'une courte notice, rédigée en anglais et en français, sur les évènements qui ont déterminé la conquête.

Deux autres exemplaires du même ouvrage, dans lesquels les descriptions des blasons sont rédigées, non pas en anglais, mais en français, se trouvent dans le fonds des mss. français de la Bibliothèque nationale sous les n⁰ˢ 5478 et 5479. Les trois volumes formaient le n° 222 de la bibliothèque des Bigot. Consultez à ce sujet L. Delisle, *Bibliotheca Bigotiana* (Rouen, 1877), p. 61.

Papier. Blasons coloriés. 70 feuillets. 330 millimètres sur 208. Fin du xvi⁰ siècle. — (Ancien fonds, n° 9891⁶ ; Bigot 222.)

33

Recueil de généalogies anglaises, accompagnées d'armoiries, appartenant aux familles suivantes :

1. (Fol. 1 v°-3.) « Paulet, marques of Winchester. »

2. (Fol. 4-6.) « Vere, erle of Oxforde. »

3. (Fol. 6 v°-9.) « Percy, erle of Northumberlande. »

4. (Fol. 10-11 v°.) « Talbott, erle of Shrewsbury. »

5. (Fol. 12 v°-14.) « Grey, erle of Kent. »

6. (Fol. 15-17.) « Standley, erle of Derby. »

7. (Fol. 18-19.) « Plantagenett Somer(er)sett, erle of Worcester. »

8. (Fol. 20-21 v°.) « Manners, erle of Rutlande. »

9. (Fol. 22-23 v°.) « Clyfford, erle of Cumberlande. »

10. (Fol. 24 v°-26.) « Ratlyff, erle of Sussex. »

11. (Fol. 27-28 v°.) « Hastinges, erle of Huntington. »

12. (Fol. 30-31 v°.) « Bourcher, erle of Bathe. »

13. (Fol. 32 v°-33.) « Wriothessey, erle of Southampton. »

14. (Fol. 35-35 v°.) « Russell, erle. »

15. (Fol. 38-38 v°.) « Herbert, erle of Penbrocke. »

16. (Fol. 39 v°-41 v°.) « Semer, erle of Bertforde. »

17. (Fol. 42 v°-44.) « Deverax, erle of Essex. »

18. (Fol. 45-47.) « Clinton, erle of Linceclne. »

19. (Fol. 48 v°-49.) « Howarde, erle of Nottingham. »

20. (Fol. 50 v°-51 v°.) « Browe, vicounte Mountagne. »

21. (Fol. 53 v°-54.) « Howard, vicount Byndon. »

22. (Fol. 55-56 v°.) « Nevill, barron of Aburgeveny. »

23. (Fol. 58-59 v°.) « Touchett, barron of Audley. »

24. (Fol. 60 v°-62.) « Zouch, barron of Harringsworth. »

25. (Fol. 62 v°-65.) « Willoughby, barron of Ersby. »

Papier. 65 feuillets (le feuillet 52 manque.) 308 millimètres sur 203. xviie siècle. — (Ancien fonds, n° 10210³. ; Colbert 1613.)

34

Recueil de notes généalogiques, se rapportant à de nombreuses familles anglaises et rédigées en latin et en anglais. Les sources sont généralement indiquées.

Papier. 187 feuillets. 305 millimètres sur 203. xvie siècle. — (Ancien fonds, n° 10212³.² ; Colbert 3144.)

35

Calendriers des années 1474 à 1503, accompagnés de notices chronologiques et astronomiques.

On trouve quelques recettes médicales sur le premier et sur les trois derniers feuillets.

Papier. 430 feuillets. 281 millimètres sur 198, xvi⁰ siècle. — (Ancien fonds , n⁰ 7266².)

36

« A booke contayninge the most singulare secrets in the Arte of Distillation..., » compilation faite d'après divers auteurs par Robert Walmysley, D. M., sous le titre de « Hidden secrets revealed. » — Incipit : « This booke shall contayn the hyest mysteries contayned... » — Desinit : « ... an other, till it be sufficient. »

L'ouvrage, dédié au chevalier Bernard Greenwick, est précédé d'une introduction et suivi d'une table. On trouve au verso du fol. 36 une recette pour obtenir la teinture d'or et changer l'or en vif-argent.

On lit sur la garde du commencement le nom du libraire Clousier, l'aîné.

Papier. 40 feuillets et neuf feuillets préliminaires. 274 millimètres sur 213. 1609. — (Ancien fonds, n⁰ 7834ˣ.)

37

« The Goldsmythes Storehous. wherin is layed up manye hidden secreittis of that ingenious misterie, compiled, maid and drawin into this methode, 1637. » — Incipit : « Ther is only tuo sortis of weghtis used in England... » — Desinit : « ... as for the preventing of the uprichtnes of assayouris. »

L'ouvrage est suivi d'un Ordre royal de Jacques Iᵉʳ, relatif à la monnaie anglaise (fol. 21-23.)

Papier. 23 feuillets. 300 millimètres sur 215. xviiᵉ siècle. — (Ancien fonds, n⁰ 7834³ ; Colbert 3233.)

38

« Mineralogical Iconography with a methotdical disribution of Mineral

Species, principally determined by the aid of chymical and external character..., by Lechaudé d'Anisy..., Caen, 1819. »

C'est le manuscrit même de l'auteur, préparé pour l'impression. Voyez, sur cet ouvrage qui devait être publié avec des planches, l'article de Quérard, dans la *France littéraire*, t. V, p. 43.

Papier. 113 et et 57 feuillets (deux tomes en un volume). 340 millimètres sur 214. xixe siècle. — (Supplément français, n° 5331[1-2].)

39

The Canterbury Tales of Geoffrey Chaucer. Ce manuscrit, contient après le prologue (fol. 1-5 v°) les contes suivants :

1. (Fol. 5 v°-17 v°.) « Fabula Militis » (*The Knightes Tale*).

2. (Fol. 17 v°- 22.) « Fabula Molendinarii » (*The Milleres Tale*), avec prologue.

3. (Fol. 22-24 v°.) Fabula Prepositi » (*The Reves Tale*), avec prologue.

4. (Fol. 24 v°-25.) « Verba Galfridi Chauncers, compilatoris libri... » Ces vers dans l'édition de Th. Tyrwhitt servent de prologue au conte du *Cuisinier* (*the Cokes Tale*), qui manque dans ce ms. comme dans beaucoup d'autres.

5. (Fol. 25-31.) « Fabula Servientis ad legem » (*The Man of Lawes Tale*), avec prologue.

6. (Fol. 31-37 v°.) « Fabula Clerici Oxenie » (*The Clerkes Tale*), avec prologue. Ce conte dans la plupart des mss. est placé après *The Sompnoures Tale*.

7. (Fol. 37 v°-44 v°.) « Fabula Uxoris de Bathe » (*The Wif of Bathes*), avec prologue.

8. (Fol. 44 v°-46 v°.) « Fabula Fratris » (*The Freres Tale*), avec prologue.

9. (Fol. 46 v°-50.) « Fabula Apparitoris » (*The Sompnoures Tale*), avec prologue.

10. (Fol. 50-56 v°.) « Fabula Mercatoris » (*The Marchantes Tale*), avec prologue.

11. (Fol. 56 v°-57) « Fabula Armigeri » (*The Squieres Tale*), avec prologue Le conte de l'*Écuyer* n'est pas complet ici ; il ne comprend que les vingt premiers vers. Le copiste ajoute : « Ista fabula est valdè absurda in terminis et ideo ad presens pretermittatur. »

12. (Fol. 57-62 v°.) « Fabula Francolani » (*The Frankeleines Tale*), avec prologue.

13. (Fol. 62 v°-64.) « Fabula Doctoris phisice » (*The Doctoures Tale*), avec prologue.

14. (Fol. 64-67 v°) « Fabula Perdonarii « (*The Pardoneres Tale*), avec prologue.

15. (Fol. 67 v°-70.) « Fabula Naute » (*The Shipmannes Tale*), avec prologue.

16. (Fol. 70-71 v°.) « Fabula Priorisse » (*The Prioresses Tale*), avec prologue.

17. (Fol. 71 v°.) « Hic narrat fabulam suam Chauncers de quodam militi Thopas. » Le copiste n'a reproduit de cette pièce (*The Rime of Sire Thopas*) que le prologue et les dix-huit premiers vers.

18. (Fol. 71 v°-72) « Hic narrat fabulam suam Galfridus Chauncers de quodam juvene vocato Mellebeus. » Le prologue seul du conte de *Melibeus* est recopié ici ; le feuillet 72 a été laissé en blanc presque en entier pour transcrire ce conte plus tard.

19. (Fol. 73-73 v°) « Fabula Monachi « (*The Monkes Tale*), avec prologue. Le conte est incomplet et ne contient que les trente-un premiers vers : « non plus de ista fabula quia est valde dolorosa. »

20. (Fol. 73 v°-77.) « Fabula Presbiteri » (*The Nonnes Preestes Tale*), avec prologue.

21. (Fol. 77-80.) « Fabula Monialis de vita sancte Cecilie, virginis (*The second Nonnes Tale*.)

22. (Fol. 80-81 v°.) « Fabula servientis Canonici » (*The Chanones Yemannes Tale*), avec prologue.

23. (Fol. 81 v°-83 v°.) « Fabula Mancipii » (*The Manciples Tale*), avec prologue.

Le dernier conte de Chaucer, dont il est parlé dans le prologue même de ce ms., *The Persones Tale*, a dû, comme les passages cités précédemment, être supprimé par le copiste, dont le nom se lit au verso du dernier feuillet : « DUXWURTH. »

Papier. 83 feuillets. 293 millimètres sur 202. xve siècle. — (Ancien fonds, n° 7835.)

10

« Liber Revelacionum Julyane, anachorite norwyche, » divisé en quatre-vingt-six chapitres.

Cet ouvrage de Juliana a été publié une première fois en 1610, par F. R. S. Cresy et postérieurement (Leicester, 1843), par H. Parker.

Papier. 174 feuillets. 140 millimètres sur 100. xvie siècle. — (Ancien fonds, n° 8297.)

41

Livre de piété :

1. (Fol. 3 v°-5 v°.) Stances anglaises avec le refrain latin *Quia amore langueo* (ajoutées au xvie siècle.)

2. (Fol. 8 140 v°.) « Here bigynneþ a tretys þat suffisiþ to everi cristen man et womman.... »

3. (Fol. 140 v°-156.) Série de chapitres édifiants, empruntés à Louis de Fontibus, et traduits en anglais par Walter Hilton, chanoine de Thurlkarton.

4. (Fol. 156 v°-162 v°.) Les deux chapitres des Tentations et du Désespoir, par S. Bonaventure.

5. (Fol. 162 v°-176.) « Here bigynneþ a confessyon, which is also a praier, þat seynt Brandonn made.... »

> Ce ms. qui paraît avoir été écrit dans le nord de l'Angleterre, aurait appartenu, s'il faut en croire une note écrite sur une des gardes, à Jacques 1er, roi d'Angleterre et d'Écosse.
>
> Parchemin. Reliure en velours rouge. 176 feuillets. 108 millimètres sur 80. xive siècle. — (Supplément français, n° 819.)

42

Poésies religieuses, catholiques, envoyées par l'auteur, Marie P. E. Le Flem, au vicomte de Chateaubriand (1er juillet 1824) :

1. (Fol. 2.) « Lines on attending Mass. »

2. (Fol. 4.) « Vespers, or the evening Office. »

3. (Fol. 5.) « Magnificat. »

4. (Fol. 6.) « Lines on the Roman Catholic Chapel, London Road, St George's Fields. »

5. (Fol. 8 v°.) « Hymn for Christmas Night. »

6. (Fol. 10 v°.) « Anthem to the Blessed Sacrament. »

> Papier. 10 feuillets. 220 millimètres sur 180. xixe siècle. — (Supplément français, n° 3088.)

43

Ouvrage de John Toland, intitulé « Tetradymus », et contenant après une préface (fol. 2-18) les quatre traités suivants :

1. (Fol. 19-53 v°.) « Hodegus , or the Pillar of Cloud and Fire , that guided the Israelites in the Wilderness , not miraculous..... »

2. (Fol. 54-76.) « Clidophorus , or of the exoteric and esoteric Philosophy, that is of the external and internal Doctrine of the Ancients..... »

3. (Fol. 77-94 v°.) « Hypatia , or the History of a most beautiful , most vertuous , most learned and every way accomplish'd Lady, who was torn to pieces by the Clergy of Alexandria...... »

4. (Fol. 95-148.) « Mangoneutes , being a Defence of Nazarenus..... »

Copie de l'imprimé qui porte le même titre (Londres , in-8°, 1720.)

Papier. 148 feuillets. 187 millimètres sur 128. xviii° siècle. — (Supplément français, n° 3974.)

44

Décisions de la chambre des Lords , relatives à l'ordre et à la tenue de la chambre , durant l'absence de Sa Majesté.

Ces décisions au nombre de 120, vont du 9 juin 1660 au 17 mars 1730 ; elles sont accompagnées d'une table alphabétique.

Papier. 35 feuillets. 153 millimètres sur 100. xviii° siècle. — (Supplément français, n° 3730 ; acquis en 1841.)

45

« In the name of Our Lord here beginneth the Rule of the Nuns of the Conception of the blessed Virgin Mary. »

Cette règle des filles de la Conception-Sainte-Marie est divisée en 12 chapitres.

Papier. 247 pages (les pages 216-221 sont blanches). 225 millimètres sur 169. xvii° siècle. — (Supplément français, n° 4003.)

46

1. (Fol. 1-50 v°.) « Journal of a Route to Nagpore by the way of Cuttœ..... » (1790.)

2. (Fol. 52-56 v°.) « Account of Nagpore. »

3. (Fol. 57-95.) « Journal of a Route from Nagpore to Benares..... »

Ces trois ouvrages d'un même auteur, Daniel Robinson Leckie, ont été publiés ensemble sous le titre : *Journal of a Route to Nagpore by the way of Cuttœ, Burros Umber and the Southern Bunjare-Chaut, in the year 1790 ; with an Account of Nagpore and a Journal from that place to Benares by the Soohágee Pass* (Londres, 1800, in-4°.)

Le ms., qui est sans doute autographe, a été « presented to Monsieur le chevalier Langlès by his humble servant Gould Francis Leckie, brother to the writer of this ms., » le 25 juillet 1818. M. L. Langlès en a fait don à la Bibliothèque, le 30 juillet 1818.

Papier. 95 feuillets. 255 millimètres sur 183. xix° siècle. — (Supplément français, n° 254[18].)

47-48

Grammaire de J. Palsgrave : copie faite sur l'imprimé de la bibliothèque Mazarine, par M. P. Lorain, pour l'édition donnée en 1852 par M. Génin dans la *Collection des documents inédits.*

Papier 536 et 607 feuillets remplis seulement au recto. 231 millimètres sur 200. xix° siècle. — (Supplément français, n°° 4645[1-2].)

49

« The Castle of Andalusia, a Comic Opera in three acts, by John O'Keeffe, esq^re..... »

La première édition de cet ouvrage est de 1794. Sur cet exemplaire manuscrit, dédié à Louis-Philippe, alors duc de Chartres, on trouve la signature autographe de l'auteur.

Papier. 88 feuillets. 221 millimètres sur 187. xviii° siècle. — (Supplément français, n° 3859.)

50

1. « Narrative of the Proceedings of the Southsea Company. »

2. (Fol. 15-19.) « Capital stock of the Southsea, 25 december 1713. »

3. (Fol. 20-28.) « Abstract of the Southsea Companie's Act. »

4. (Fol. 29.) « Calculations. »

5. (Fol. 30-33.) « Six Papers relating to Charles Stanhope, esq^re, alias Stangope. »

6. (Fol. 34-31.) « Manners, a satire. »

Papier. 41 feuillets. 320 millimètres sur 197. xviii° siècle. (Transmissions du département des Imprimés Z 2429 + E 10 et Z 2429 + E 4.)

51

Atlas de 22 vues de côtes coloriées, des Antilles et de la Terre-Ferme, accompagnées de légendes explicatives.

Papier. 22 feuillets. 313 millimètres sur 200. xvi° siècle. — (Gaignières 78.)

52

Armorial d'Angleterre, contenant outre les armes des différentes familles qui sont entrées dans la maison royale, celles des ducs, comtes, vicomtes et lords.

Papier. Blasons coloriés. 27 feuillets. 270 millimètres sur 212. xvi° siècle. — (Gaignières 876.)

53

1. (Fol. 1.) Notes sur les hérauts d'armes d'Angleterre.

2. (Fol. 2-80.) « A Display of Heraldrie, » traité de blason de John Barkham, dont la première édition a paru à Londres en 1610 (les autres éditions sont de 1632, 1638, 1660, 1679 et 1724) sous le nom de John Guillim. L'exemplaire est incomplet à la fin.

3. (Fol. 82 v°.) Recettes médicales.

4. Hauteur des tours d'Amsterdam, d'Utrecht et d'Anvers.

5. (Fol. 83 v°.) Nombre des paroisses existant dans les 18 comtés méridionaux de l'Angleterre.

Papier. Dessins à à la plume : blasons coloriés. 83 feuillets (les feuillets 3 et 81 sont blancs.) 304 millimètres sur 194. xviie siècle. — (Gaignières 877.)

54

« A memoriall for the reformation of England, conteyning certeine noates and advertisements which seeme might be proposed in the first Parliament and nationall Councell of our Countrey, after God of His mercy shall restore it to the catholick faith for the better establishment and preservation of the said Religion, gathered and sett downe by R. P. »

Papier. 156 feuillets. 189 millimètres sur 147. 1596. — (Oratoire 243.)

55

Épisodes de la guerre de trente ans, racontés par un témoin oculaire, le volontaire Sidnam Poynes (1624-1636), et suivis du récit de la mort de Wallenstein (8 février 1634) et de remarques sur sa vie. — Incipit : After 16 or 17 yeares absence from my Country... — Desinit : « And so here is an End of the Peregrination of Sidnam Poynes. »

Papier. Reliure aux armes de Lord Kenelm Digby. 70 feuillets. 225 millimètres sur 168. xviie siècle. — (Gaignières 1034[1].)

56

Recueil de pièces de vers faites en l'honneur de John Digby, au milieu desquelles se lit une vie de ce « late valient Major Generall of His Majestie's westerne forces and famous Champion of his Soveraigne King Charles... » (fol. 3-53.)

Au fol. 71 le poète réunit dans un même éloge John Digby, John Smith et le colonel Morgan.

L'ouvrage est dédié à Kenelme Digby, frère de John.

Papier. 73 feuillets. 208 millimètres sur 150. xviie siècle. —(Gaignières 1034[2].)

57

« A Character of the Queene of Great-Brittaine. » Éloge de Henriette de France, reine de Grande-Bretagne, composé pendant l'exil de Marie de Médicis et avant la mort de Van Dyck (1641) par un auteur catholique. — Incipit : « The Queene of Great Brittaine is a Ladie of prime eminencie...» — Desinit : «... then a most illustrious conclusion from Her. »

Papier. Écriture allemande. 15 feuillets. 201 millimètres sur 147. xviie siècle. — (Gaignières 708.)

58

« Speculum Northamtoniæ, 1591, I. N., » description du Northamptonshire par John Norden (l'ouvrage est accompagné de deux cartes coloriées et dédié à Lord Burleigh, « high Treasoror of Englande. »)

Cet ouvrage a été imprimé à Londres (1720) sous le titre de *Speculi Britanniæ pars altera, or a Delineation of Northamptonshire in the Year 1610 ;* ce qui prouve que le ms. qui a servi à l'impression était postérieur à celui-ci de près de vingt ans.

Papier. 39 feuillets. 194 millimètres sur 132. 1591. — (Gaignières 706.)

59

« A brief and dispassionate Narrative of the Conduct of the english Clergy, in receiving from the french King and his Parliament the administration of the College at Saint-Omer,. . by A. Hayman... 1766. ouvrage accompagné d'un commencement de traduction française et de quelques notes, entre autres une liste de pièces originales à joindre à cette narration.

L'ouvrage est dédié « to the right Reverend Father in God the honourable Thomas, lord bishop of Acon, etc. »

Papier. 164 feuillets. 247 millimètres sur 191 . xvıⁿᵉ siècle. — Oratoire 213.)

60

Discours de Démosthène contre la loi de Leptine, traduit en anglais par John Osborne et dédié « to the right honorable Sʳ Christopher Hatton, knight Her Maᵗⁱᵉˢ », Londres, le 10 mars 1581.

Papier. 46 feuillets. 195 millimètres sur 143. xvıᵉ siècle. — (Gaignières 707.)

61

1. (Fol. 1-31 vᵒ.) « A Breviary of the Athenian Common-Wealth, » en deux livres. — Incipit : « About the time that Moses lived in Pharaon's Court...» — Desinit : «... was publiquely decried in that Councell. »

2. (Fol. 32-34.) Listes de noms historiques ; rois : archontes, etc., d'Athènes.

3. (Fol. 35-36 vᵒ.) « De la recherche de la Vérité, » extraits d'un imprimé français de 1674. — Incipit : « Les philosophes regardent plustost l'âme comme la forme du corps...» — Desinit : ... ont la mesme force pour convaincre que des démonstrations très évidentes. »

4. (Fol. 37-44.) Épigrammes grecques et latines : extraits de divers auteurs.

Papier 44 feuillets. 143 millimètres sur 92. xvıⁿᵉ siècle. — (Oratoire 267.)

62

1. (Pages 1-16.) « The true way to prepare a most subtile liquor of Golde, called *Aurum potabile*, wich is a most excellent cordial and restaurative medecine » — Incipit : « To prepare this precious liquor with Golde. . » — Desinit : … « and continue it so long as you schall fynde to have need of it. »

2. (Pages 18-52). — Recettes domestiques, etc.

3. (Pages 53-156). — Recettes médicales, pharmaceutiques et autres, en anglais et français. (Une table placée en tête du ms. renvoie aux différents chapitres de cette troisième partie.)

> On lit en tête du ms. le nom d'un des propriétaires : Lord Henry Stafford.

> Papier. 156 pages. 196 millimètres sur 147. xviie et xviiie siècles. — (Oratoire 237.)

63

« Memorandum about Thibet » ou « Relation de l'ambassade de M. Bogle auprès du Grand Lama du Tibet. » — Incipit : « This Country from Latach….. » — Desinit : «….. I hope to have the pleasure of explaining them to you in person. »

> « Offert à la bibliothèque du Roi, ce 28 août 1822, par L. Langlès. »

> Papier. 102 feuillets. 370 millimètres sur 231. xviiie siècle. — (Reçu en don en 1822.)

64

« Minutes of the remarkable siege of Dunkirk, in August and September 1793, kept by John Hane, Captain in the 5th Battalion of the National Guards. … » — Incipit : « I being placed this day on guard in the Citadel….. — Desinit : « ….. I was fortunately released from an office which I struggled hard to avoid. »

> Papier. 70 pages. 325 millimètres sur 224. Copie. xixe siècle. — (Reçu en don en 1868.)

65

Recueil de textes traduits du birman :

1. (Pages 1-14.) Fin de l'histoire du prince Temi, un des *Iâtakas* ou récits des existences antérieures de Buddha.

2. (Pages 15-148.) Histoire de Vessantara, dernier *Jâtaka*.

3. (Pages 151-270.) Choix de 15 récits du *Dhammapada*, dont plusieurs ne se trouvent pas dans les *Buddhaghosha's Parables, translated from Burmese by captain T. Rogers, R. E., with an Introduction, containing Buddha's Dhammapada, translated from Pâli by F. Max Müller.* (Londres, 1870.)

Ce volume formait le troisième tome d'une série, comme l'indique ce titre placé en tête : « The history of Prince Temee, continued from vol. 2nd. »

Papier. 270 pages. 307 millimètres sur 191. 1835-1836. — (Acquis en 1842.)

66

Lettre autographe de Lord Byron, en date du 22 avril 1823, adressée à M. le comte A. d'Orsay, à Gênes, commençant par : « My dear Count d'Orsay, if You will permitt me to address You so familiarly.... » et finissant par : I have the honour to be your obliged and faithful servant, Noel Byron. »

Papier. 4 pages. 240 milimètres sur 188. xixe siècle. — (Don du comte d'Orsay, en 1851.)

67

Fragment de la grammaire saxonne d'Ælfric.

Ce fragment, composé de deux feuillets, correspond aux deux chapitres de la Grammaire d'Ælfric *De Verbo passivo* et *De Verbis anomalis vel inequalibus*, publiés p. 35 et 36 de l'*Ælfrici grammatica*, venant à la suite du *Dictionnarium saxonico-latino-anglicum* de W. Sommer (Oxford, 1659). Voy. l'*Athenæum* du 8 novembre 1873, p. 598.

Parchemin. 2 feuillets (le dernier feuillet, qui est mutilé, doit être placé le premier). 290 millimètres sur 188. xie siècle. — (Présenté en 1873, par l'abbé Landau, de Blois, au Comité des travaux historiques, et remis ensuite à la Bibliothèque nationale.)

68

Livre de signaux à l'usage de la marine militaire et marchande du Royaume-Uni.

Ce livre a été donné par Peter Parker à Toby Caulfeild, à bord du Chatham , du port de New-York.— Un renseignement complémentaire a été ajouté sur le dernier feuillet.

Vélin. Reliure à fermoir. 25 feuillets. 174 millimètres sur 114. Fin du xviiie siècle.—(Transmission du département des Imprimés, V 2602.1.c.)

69-93

Procès-verbaux des séances de la Chambre des Communes au xviie siècle.

         I (69). — Du 18 novembre 1606 au 9 février 1610.
        II (70). — Du 17 mars 1628 au 10 mars 1629.
       III (71). — Du 25 mars 1641 au 15 juillet 1641.
        IV (72). — Du 6 décembre 1641 au 1 février 1642.
         V (73). — Du 1er février 1643 au 25 mars 1643.
        VI (74). — Du 10 décembre 1645 au 9 février 1646.
       VII (75). — Du 18 février 1651 au 3 juin 1651.
      VIII (76). — Du 29 août 1651 au 23 décembre 1651.
        IX (77). — Du 23 décembre 1651 au 25 mars 1652.
         X (78). — Du 4 juillet 1653 au 20 septembre 1653.
        XI (79). — Du 1er décembre 1656 au 25 mars 1657.
       XII (80). — Du 25 mars 1657 au 16 juin 1657.
      XIII (81). — Du 9 février 1660 au 16 mars 1660.
       XIV (82). — Du 27 juillet 1659 au 1er octobre 1659.
        XV (83). — Du 1er octobre 1659 au 10 février 1660.
       XVI (84). — Du 25 avril 1660 au 9 juillet 1661.
      XVII (85). — Du 8 mai 1661 au 20 novembre 1661.
     XVIII (86). — Du 20 novembre 1661 au 2 mars 1662.
       XIX (87). — Du 18 février 1663 au 5 juin 1663.
        XX (88). — Du 24 novembre 1664 au 3 octobre 1665.
       XXI (89). — Du 15 février 1677 au 6 mai 1678.
      XXII (90). — Année 1685.
     XXIII (91). — Du 23 octobre 1689 au 27 janvier 1690.
      XXIV (92). — Du 2 mars 1690 au 2 octobre 1690.
        XV (93). — Du 1er mars 1695 au 8 octobre 1695.

Les volumes 84, 85, 86, 87, 88, 89 et 90 portent au dos de la reliure les nos d'ordre suivants : I, IV, V, VII, X, XVIII et XXII ; ils faisaient partie d'une série aujourd'hui dépareillée.

Papier, 25 volumes. 407 millimètres sur 250. xviie siècle. — (Acquis en 1878.

94

1. « King Charles the II's Escape from Worcester, related by himself, » and « dictated to Mʳ Pepys by the King himself. »

Publié sous le titre d' « An Account of the Preservation of king Charles II after the battle of Worcester, drawn up by himself ; to which are added his letters to several persons. » (Glasgow. 1765. in-8°.) Réimprimé en 1883.

2. (Fol. 28-99 vᵒ.) « ...A short view of your affairs in Scottland since the beginning of the Revolution. » — Incipit : « By this which I humbly offer to your Majesty I am fair... » — Desinit : « ...they were not so fully informed of their hazard that most of them left it. »

3. (Fol. 101-118.) « An historical Essay on the life and death of James the Second of ever blessed memory, » (en vers). — Incipit : « Cou'd I as Orpheus did with charmfull lyre. » —» Desinit : « The ill that's past, by being just to them. »

4. (Fol. 119-139.) « Notes » historiques, de 1641 à l'avènement de Guillaume d'Orange. — Incipit : « In the year 1641 His Royal Highness was left under the conduct of William Seymour... » — Desinit : « ...to famous evident to need here any further remark or illustration. »

Papier. 139 feuillets. 302 millimètres sur 150. xviiᵉ siècle. — (Transmission du département des Imprimés, N 318 + B. 1.)

95

Recueil factice de 42 pièces, dont la plupart étaient destinées à fournir des spécimens d'écriture, de 1453 à 1835.

Parchemin. 42 feuillets. 457 millimètres sur 348. xv-xixᵉ siècles. — (Acquis en 1878.)

TABLE DES MATIÈRES.

Les chiffres renvoient à la numérotation des manuscrits

ÆLFRIC, Grammaire anglo-saxonne (fragment), 67.

Amsterdam (Hauteur de la tour d') .53.

Anglo-saxon (Glossaire latin et) . 26.

Antilles (Vue de côtes des) , 51.

Anvers (Hauteur de la tour d') . 53.

Armoriaux divers, 32. 33, 52.

Astronomiques (Notices) . 35.

Athènes (Listes de noms historiques : rois. archontes. etc.. d') . 61.

Athenian (A Breviary of the) Common-Wealth. 61.

Aurum potabile. voy. Liqueur d'or.

BANCK , « Argument » dans le procès J. Hampdem. 28.

BARKHAM (John) . A Display of heraldrie (la 1ʳᵉ édition a paru sous le nom de J. GUILLIM) , 53.

BARKLEY (Robert) , « Argument dans l'affaire du Shippmoney, 28.

Beake (Généalogie de la famille) . 31.

Birman (Ouvrages traduits du) . 65.

Blasons coloriés. 32, 52, 53.

BOGLE (Ambassade de M.) au Thibet. 63.

BONAVENTURE (S.) . De la Tentation et du Désespoir , 41.

Bourcher. erle of Bathe (généalogie et armoiries) , 33.

BRAMPSTON (John) , « Argument » dans l'affaire du Shippmoney, 28.

BRANDAN (S.) , auteur supposé d'une Confession , 41.

Brayles (Généalogie de la famille) , 31.

Browe , viconte Mountague (généalogie et armoiries), 33.

Burghe (Généalogie de la famille) . 31.

Burleigh (Ms. dédié à Lord), 58.

BYRON (Lord) . Lettre autographe. 66.

Calendriers des années 1474 à 1503, 35.

Canterbury (The) Tales. de CHAUCER. 39.

Cardinall (Généalogie de la famille) , 31.

Cartes : — des vues de côtes des Antilles. 51 ; — des baronnies d'Irlande. 1-2 : — du Northamptonshire. 58 ; — de Sainte-Hélène. 21 ; des vues de côtes de la Terre-Ferme. 51.

Castle (The) of Andalusia. op.-com. de J. O'KEEFFE. 49.

Catholic (Lines of the roman) Chapel, London Road, St George's Fields, 42.

CAXTON (Rédaction abrégée de la Chronique de), 30.

Chambre des Communes (Procès-verbaux des séances de la), au XVIIᵉ siècle, 69-93.

Chambre des Lords (Décisions de la) relatives à l'ordre et à la tenue de la Chambre durant l'absence du roi. 44.

CHARLES II. sa fuite après la bataille de Worcester, racontée par lui-même. 94.

CHAUCER (Geoffrey).the Canterbury Tales. 39.

Chauncey (Généalogie de la famille). 31.

CHAULIAC, voy. GUI DE CHAULIAC.

Chirurgie (Traité de). de GUI DE CHAULIAC, 25.

Chrétien (Traité suffisant à tout), 41.

Christmas night (Hymn for), 42.

Chronique anglaise. de Brut à Henri V. 30

Chronique de CAXTON (Rédaction abrégée de la) . 30.

Chronologiques (Notices) , 35.

Clidophorus, deuxième partie du Tetradymus, 43.

Clinton, erle of Lincolne (généalogie et
armoiries). 33.

Clipsbye (Généalogie de la famille). 31.

Clousier l'aîné (Mention du libraire) , 36.

Clyfford, erle of Cumberlande (généalogie
et armoiries ,33.

Comtes (Armes des) d'Angleterre. 52.

Coke (Généalogie de la famille) , 31.

Conception-Sainte-Marie (Règle des filles
de la), 45.

Confession, attribuée à S. BRANDAN. 41.

CRAWLEY. « Argument » dans l'affaire du
Shippmoney, 28.

Crewes (Généalogie de la famille) , 31.

CROOKE. « Argument » dans l'affaire du
Shippmoney, 28.

Cumbermartin (Généalogie de la famille) ,
31.

DALRYMPLE (James), viscount of STAIR,
Jus scoticum, 27.

DAVENPORT (Lord Cheif baron). « Argument » dans l'affaire du Shippmoney,
28.

DÉMOSTHÈNE. Discours contre la loi de
Leptine, traduit par J. OSBORNE, 60.

DENHAM (Baron), « Certificate of his Judgement for the Shippmoney », 28.

Désespoir (Du), par S. BONAVENTURE, 41.

Deverax. erle of Essex (généalogie et
armoiries) . 33.

Dhammapada (Quinze récits du) . 65.

Digby (John), (Poésies en l'honneur de),
56 ; — (Vie de) , 55.

Digby (Kenelme) , (Ms. dédié à) , 56.

Dodington (Généalogie de la famille), 31.

Doyley (Généalogie de la famille), 31.

Ducs (Armes des) d'Angleterre, 52.

Dunkerque (Le siège de) en 1793, par John
HANE, 64.

Duston (Généalogie de la famille, 31.

Duxwurth, copiste d'un ms. de CHAUCER,
39.

Écosse (Affaire d') sous Jacques II, 94.

Épigrammes grecques et latines, 61.

Extraits de divers auteurs, 61.

FINCHE (John), « Argument » dans l'affaire du Shippmoney, 28.

Gaudye (Généalogie de la famille) , 31.

Généalogies anglaises, 33.

Généalogique (Tableau), (nombreuses familles) , 31.

Généalogiques (Notes) sur diverses familles, 34.

Gernon (Généalogie de la famille) , 31.

Glossaire latin et anglo-saxon, 26.

Goldsmythes (The) Storehous. 37.

Gollever (Généalogie de la famille) , 31.

Grammaire de J. PALSGRAVE, 47-48.

Grammaire saxonne d'ÆLFRIC (fragment).
67.

Grey, erle of Kent (généalogie et armoiries), 33.

GUI DE CHAULIAC, Traité de chirurgie, 25.

Guidon de chirurgie, 25.

GUILLIM (John) , voy. BARKHAM (John).

Hampden (John), (Pièces relatives au
procès de) , 28.

HANE (John), Le siège de Dunkerque en
1793, 64.

Harwedon (Généalogie de la famille). 31.

Hastinges. erle of Huntington (généalogie
et armoiries) , 33.

Hatton (Christopher) , (Ms. dédié à) , 60.

Henri VIII (Ordre et service de la maison
du roi, sous). 29.

Henriette de France (Éloge de) , 57.

Heraldrie (A Display of) de John BARKHAM
53.

Hérauts d'armes (Notes sur les) d'Angleterre, 53.

Herbert. erle of Penbrocke (généalogie et
armoiries) , 33.

Hill (Généalogie de la famille) , 31.

HILTON (Walter) , chanoine de Thurlkarton, traducteur de LOUIS DE FONTIBUS ,
41.

Historiques (Notes), de 1641 à l'avènement
de Guillaume d'Orange , 94.

Hodegus, première partie du Tedradymus.
43.

HOLBORNE, The « Replie » dans le procès
J. Hampden, 28.

Howard, vicount Byndon (généalogie et
armoiries), 33.

Howarde. erle of Nottingham (généalogie
et armoiries) , 33.

Humfreys (Généalogie de la famille) , 31

HUTTON, « Argument » dans l'affaire du Shippmoney, 28.

Hypatia, troisième partie du Tetradymus. 43.

Institutions of Law of Scotland, de James DALRYMPLE. 27.

Irlande (Cartes représentant les baronnies d'), 1-2.

JACQUES Ier, ordre royal relatif à la monnaie anglaise. 37.

Jacques Ier, propriétaire de ms.. 41.

Jacques II (Vie et mort de), en vers, 94.

JONES, « Argument » dans l'affaire du Shippmoney, 28.

Journal of a route from Nagpore to Benares. 46.

Journal of a route to Nagpore. 46.

JULIANA. anachorita norwycha. Liber Rerelacionum, 40.

Knyghtley (Généalogie de la famille), 31.

Koningham (N. de), donateur de ms., 27.

Landau (l'abbé), propriétaire de ms.. 67.

Langlès (L..). donateur de mss.. 46. 63.

~~LAPLAN (A.). A brief and dispassionate Narrative of the Conduct of the english Clergy in receiving from the french King and his Parliament the administration of the College at St Omer. 59.~~

LÉCHAUDÉ D'ANISY. Mineralogical Iconography. 38.

LECKIE (Daniel Robinson). Journal of a route to Nagpore, 46.

LECKIE (Gould Francis), frère de LECKIE (D. R.), 46

LE FLEM (Marie P. E.), Poésies religieuses catholiques. 42.

Leptine (Discours contre la loi de, par DÉMOSTHÈNE, 60.

Liqueur d'Or (Préparation de la) ou Aurum potabile. 62.

LITTLETON (Edward), « Argument » dans l'affaire du Shippmoney. 28.

Lorain (P), copiste de J. PALSGRAVE. 47-48.

Lords (Armes des) d'Angleterre, 52.

LOUIS DE FONTIBUS (divers passages), 41.

Louis-Philippe, alors duc de Chartres (Ms. dédié à), 49.

LOWE (Hudson) (Correspondance de), relative à la captivité de Napoléon Ier à Ste Hélène, 16-17, 22, 23, 24.

Lyons (Généalogie de la famille), 31.

Magnificat. en vers, 42.

Maison (Ordre et service de la) du Roi. 29.

Maison royale (Familles alliées à la), 52.

Malpas (Généalogie de la famille), 31.

Mangoneutes, quatrième partie du Tetradymus, 43.

Manners, a satire. 50.

Manners, erle of Rutlande (généalogie et armoiries). 33.

Marine marchande et militaire (Livre de signaux à l'usage de la), 68.

Mass (Lines on attending). 42.

Mineralogical Iconography, par LÉCHAUDÉ D'ANISY. 38.

Monnaie anglaise (Ordre royal de Jacques Ier, relatif à la). 37.

Moreton (Généalogie de la famille). 31.

Morgan (Éloge du colonel), 56.

Nagpore (Account of), 46; — (Journal of a route from) to Benares. 46; — (Journal of a route to). 46.

Napoléon Ier (Documents sur la captivité de). à Ste Hélène, 3-24.

Nevill, barron of Aburgeveny (généalogie et armoiries). 33.

Noell (Généalogie de la famille), 31.

NORDEN (John). Description du Northamptonshire, 58.

Nortamptonshire (Carte et description du), par John NORDEN. 58.

O'KEEFFE, The Castle of Andalusia (op.-com.), 49.

Orfèvre (Le magasin de l'), 37.

Orsay (Le comte d'), donateur de ms., 66.

OSBORNE (John), traducteur de DÉMOSTHÈNE, discours contre la loi de Leptine, 60.

PALSGRAVE (John), Grammaire, 47-48.

Pantolfe (Généalogie de la famille), 31.

Parker (Peter), propriétaire de ms.. 68.

Paroisses (Nombre des), des comtés méridionaux d'Angleterre. 53.

Paulet, marques of Winchester (généalogie et armoiries), 33.

Pepys (Ms. dicté à), 94.

Percy, erle of Northumberlande (généalogie et armoiries), 33.

Peshall (Généalogie de la famille), 31.

Petty (William), Down Survey of Ireland, 1-2.

Pièces (Recueil de), de 1453 à 1835, 95.

Poynes (Sidnam), Épisodes de la guerre de Trente ans, 55.

Procès de John Hampden (Pièces relatives au), 28.

Quia amore langueo, refrain de Stances, 41.

Ratlyff, erle of Sussex (généalogie et armoiries), 33.

Recettes chimiques, 25; — domestiques, 62; — médicales, 25, 35, 53, 62; — pharmaceutiques, 62.

Reformation (A Memoriall for the) of England, 54.

Règle des filles de la Conception-Sainte-Marie, 45.

Revelacionum liber, de JULIANA, 40.

Richard III (Couronnement du roi), 29.

Rowse (Généalogie de la famille), 31.

Russell, erle (généalogie et armoiries), 33.

Sacrament (Anthem to the Blessed), 42.

ST JOHN, plaidoyer dans l'affaire du Shippmoney, 28.

St John (Généalogie de la famille), 31.

St Omer (A brief and dispassionate Narrative of the Conduct of the english Clergy in receiving from the french King and his Parliament the administration of the College at), 59.

Ste Hélène (Carte de), 21; — (Documents sur la captivité de Napoléon Ier à), 3-24.

Savidge (Généalogie de la famille), 31.

Scotland (Institution of Law of), de J. DALRYMPLE, 27.

Secrets (Hidden) revealed, 36.

Semer, erle of Bertforde (généalogie et armoiries), 33.

Seymore (Généalogie de la famille), 31.

Shippmoney (Affaire du), 28.

Signaux (Livre de) à l'usage de la marine marchande et militaire, 68.

Skinerton (Généalogie de la famille), 31.

Smith (John) (Éloge de), 56.

Somersett (Plantagenett), erle of Worcester (généalogie et armoiries), 33.

Southsea Company (Abstract of the Act), 50; — (Calculations), 50; — (Narrative of the Proceedings), 50.

Spencer (Généalogie de la famille), 31.

Stafford (Lord Henry), propriétaire de ms., 62.

STAIR's Practiques, voy. DALRYMPLE.

Stances avec le refrain *Quia amore langueo*, 41.

Standley, erle of Derby (généalogie et armoiries), 33.

Stanhope (Charles), (Six papers relating to), 50.

Swinerton (Généalogie de la famille), 31.

Talbot, erle of Shrewsbury (généalogie et armoiries), 33.

Tales (The Canterbury), 39.

Teinture d'Or (Recette pour obtenir la), 36.

Temi (Histoire du prince), un des lâtakas, 65.

Tentation (De la), par S. BONAVENTURE, 41.

Terre-Ferme (Vue des côtes de la), 51.

Tetradymus, par J. TOLAND, 43.

Thibet (Ambassade de M. BOGLE au), 63.

Thomas (Lord bishop of Acon), (Ms. dédié à), 59.

Throckmerton (Généalogie de la famille), 31.

TOLAND (John), Le Tetradymus, 43.

Touchett, barron of Audley (généalogie et armoiries), 33.

Trente ans (Épisodes de la Guerre de), par S. POYNES, 55.

TREVOR (Baron), « Argument » dans l'affaire du Shippmoney, 28.

Utrecht (Hauteur de la tour d'), 53.

Vaulxe (Généalogie de la famille), 31.

Veere, Vere, erle of Oxforde (généalogie et armoiries), 31, 33.

Verdon (Généalogie de la famille), 31.

Vérité (De la recherche de la), fragment d'un ouvrage imprimé français, 61.

VERNON, « Argument » dans l'affaire du Shippmoney, 26.

Vespers, or the evening Office, en vers, 42.

Vessantara (Histoire de), 65.

Vicomtes (Armes des) d'Angleterre, 52.

Wallenstein (Vie et mort de). racontées par S. Poynes , 55.

Walmysley, D. M. (Robert), The secrets in the Arte of Distillation, 36.

Warkworth (Généalogie de la famille), 31.

Willoughby, barron of Ersby (généalogie et armoiries), 33.

Worcester (Fuite de Charles II, après la bataille de) , racontée par lui-même, 94.

Wriothessey, erle of Southampton (généalogie et armoiries), 33.

Zouch, barron of Harringsworth (généalogie et armoiries) , 33.

Lille Imp. L. Danel.